© 2021, Christian Hofmann
Herstellung und Verlag:
BoD – Books on Demand, Norderstedt
ISBN: 9783755702252

Christian Hofmann

LITERATOUR – FEDERSPRACHE

„Aus den Tr□umen

meine Realit□

gestalten"

Christian Hofmann

Kapitelübersicht

Kapitel 1:
LITERATOUR

Litera"Tour" (Intro)
Verlorenes Paradies
„Dicka Brumma"
Karma
Lass die Sterne aufgehen
Leben retten
Mehr als 1000 Wege
Sieger kommen wieder
Das Ding ist...
In Anteilnahme

Ansage 2022!

Litera"Tour" (Intro)
Opening

Ich könnte Wände bekritzeln
Auf Kilometer-lange Autobahnen schreiben
Es ist Therapie und Medizin, ein Elixier,
dass ich leben kann – es ist alles in Einem!

Was die niemals verstehen werden –
Ist meine einzige Chance so zu leben, hier
auf Erden!
Ein Mittel, das ich für mich fand!
Gottes Gnade, vielleicht Gottes Beistand!?

Ich lebe halt durchs Schreiben!
Ich lebe in diesen Zeilen!
Jeder Reim, jeder Vers bietet mir –
Rettungsanker und Rettungsseile!

Bin ich auch so oft,
meinem elendigen Leid erlegen –
Die Kraft der Sprache,
Wortmagie zündet in mir neues Leben!

Was wäre ich ohne die Sprache?
Was würde werden aus mir?
Gott, du weißt es ist Berufung!
Nur leider kapierts keiner hier!!!

Das macht echt traurig und so müde!
Das macht halt auch echt einsam!
Denn, sie meinen es bringt ja kein Geld!
Deren Lebensziele sind mit meinen halt
nicht zu vereinbaren!

Und so kämpfe ich mit –
Gott gegen die Welt
Suche Verbündete, Trostsuchende –
Gegen die Gottlosen,
bis auch der letzte Groschen fällt!

Ist das Ende nicht gut,
so ist gar nichts gut!
So schreibe ich gegen Verzweiflung,
gegen Frust, Hass und Wut!

Dies hier ist wieder so ein –
Geistesblitz!
Fühle ihn leider aber wieder nur allein,
wie herrlich befreiend er aber ist!

Verlorenes Paradies
Positive Botschaft

Mit neuer Kraft, mit neuem Schwung
Mit frischem Elan – auf dem Sprung
Auf geht's in eine neue Zeit!
Wo kein Stein auf dem andern bleibt!

Viel Erde ist verbrannt!
Ich stand da mit leerer Hand
Neues Muster, neue Strukturen
Ausgebessert und bestärkt sind
ursprüngliche Spuren!

Überall wo Land unter war –
Bleibt auch Sinn zurück, so viel ist klar!
Augen öffnen, nochmal genau betrachten
Alles Schlechte, von nun an besser machen!

Die Zeit vergeht –
Und Tränen bleiben im Nebel zurück!
Solange neue Tage kommen,
ist es nicht zu spät für neues Glück!

Man braucht auch Mut für –
All die neuen Schritte!
Mit voller Bandbreite geh ich,
bis zum Rand – von der Mitte!

Im Einklang mit der Zeit
Ich fließe, wie auch sie fließt!
Ich begebe mich auf die Reise –
Vielleicht finde ich nochmal – das verlorene
Paradies!?

„Dicka Brumma"
Literatour-Wortspiel

Litera"Tour"-Wortspiel
Gesichter dürfen grinsen –
Denn hier geht's rund ums
Sorgenlose Herzgefühl!

Das hier ist mehr eine –
Klare Sache gegen Kumma!
Mehr so`n Ding – „Äy"
„Was `ne Lachnumma"!?!?
Dicka Bär, dicke Hummel –
„Dicka Brumma"!

Na los! Auf die Treppe rauf!
Dann kannste runterblicken!
Haste'n Joker!? Hau`n raus!
Lass die Niederlage im Keim ersticken!

Sitzte beim Friseur!?
„Ey"! „Lass Glatze machen"!
Ratzevoll und hackedicht –
Sachen packen, weitermachen!

„Öy"! „YOH"! „WOH" – Wat'n Flow!
"Ey"! Mit der Maske auf, da kriegt jeder
Angst! Da springt sogar –
Der Floh freiwillig ins Klo!
Er schwimmt flussabwärts, so oder so!

Karma
Aus dem Leben

Verschwendete Stunden
Überrundete Runden
Man, war ich ein Idiot!
Der Verstand überschritt manches Verbot!

In Anbetracht des Erlebten –
Mag sein, es trifft mal jeden!
Dümmer als die Polizei erlaubt!
Eigene Chancen – selbst versaut!

Was bringts zu kramen!?
Zu ändern gibt's nix mehr!
Ich habe einige Taschen gefüllt,
meine eigenen dabei geleert!

Lange gedauert hat der –
Ganzheitliche Reifeprozess!
Heute passiert's kein zweites Mal!
So viel steht fest!

Ich habe Lehrgeld –
Mehr als nur einmal bezahlt!
Bitter war manche Erfahrung,
an so manch einem Tag!

Doch was soll ich sagen?
Was soll ich ewig klagen!?
Alles gehört zu meinem Leben –
Das Karma! Es wird regeln!

Lass die Sterne aufgehen
Positive Botschaft

Ich wünsche um neue Formen und auch –
Um neue Strukturen meiner Gedanken
Es wird ein Verlassen alter Wege,
Neues betreten, mein Drang schon seit
langem!

Das wird; Neuen Trost finden, in der Lage –
In der alles so verloren scheint!
Das wird; Freudige Gesichter sehen,
wo aktuell noch jene Träne weint!

Das ist; Mir ein Lächeln wünschen,
wo aktuell die Sonne mit dem Nebel ringt!
Das ist; Melodien erklingen lassen,
auf dass, die Seele wieder vor Freude singt!

Das ist; Positive Zeilen verkünden wollen –
Hier geht's mehr um leben wollen,
als wie ständig und permanent nur –
Funktionieren zu sollen!

Das wird; Lass die Sterne aufgehen!
Lass sie strahlen, lass sie funkeln!
Sie sollen helles Licht sein –
In allen Stunden, besonders in den
Dunklen!

Das ist; Bitte komm' her, trete näher!
Komm' her und trete ein!
Hier soll alles was du dir erträumst,
in vollendeter Erfüllung sein!

Ich lade dich ein auf;
Meine neue Reise, aus der Dunkelheit ins
Licht!
Tauche ein, fühle dich wohl –
Hier füllt die Leere sich mit Träumen, dies
sei dir gewiss!

Leben retten
Positive Botschaft

Ich sitze heute Abend hier
Wieder mal mit Cola-Bier!
Versinke in Gedanken –
Der Puls schlägt ruhig, ich träume…

Ich träume von einem Leben –
Wie ich es so gerne doch hätte!
Meine Träume ändern vielleicht mal meine
Wirklichkeit,
weil sie mir ohnehin tagtäglich mein Leben
retten!

Meine Träume treten ein –
Wann ich sie brauche, wenn ich hier um;
„HILFE"!!! ruf'
Bei aller Lebenssituation, ich schreibe,
denn –
Ich folge meinem (Be)Ruf!

So ist es vielleicht mein Beruf –
Hier im Leben, Leben zu retten!?
Denn ich teile meine Träume,
in Worten, wie ich so gerne zu leben hätte!

Solange Träume noch Hoffnungen geben
Solange sie den Glauben stärken –
Solange kann in deinem, meinem, unserem
Leben –
Aus jedem Nichts doch noch etwas werden!

Träume halten uns alle doch am Leben!
Keine Zeile ist zu viel!
Keine Zeit vergeudet, um dieser Hoffnung –
Täglich aufs Neue entgegenzutreten!

Mehr als 1000 Wege (für C.)
Positive Botschaft

Dieses Leben bietet mehr als 1000 Wege
Doch letztendlich gehst du sie allein

Da sind Träume, Ziele,
mehr als genug, so endlos viele!
Das Herz in Flammen, der Wille am
Anschlag!
Alles ausgerichtet auf; „Es kommt mein
Tag"!

Die Zeit schießt vorbei
Sie fällt über Treppenstufen rauf und
runter!
Sie stolpert sich durchs Dasein –
Sie ist da, für; Glaube, Hoffnung und auch
Wunder!
Zeit ist Freund und Zeit ist Feind!
Sie bestimmt dein Leben,
darum nimm dir von ihr –
Komm' nimm dir Zeit!

Zeit zum Träumen
Zeit zum Weinen
Zeit zum Leben
Leb' diese Zeilen!
Wunden werden Narben –
Die Zeit, sie kann manches heilen!

Gehst du all die Wege auch allein
Baue dir Brücken aus jedem Stein!
Grenzen und Hindernisse sind
Herausforderungen!
Manche Situationen erscheinen dir wie
Wiederholungen!

Deinen Horizont erweiterst du –
In dem du erlebst, erfährst, probierst
Merke dir stets im Leben das Wichtigste:
Dein Wissen ist wie, als ob du dein Leben
stetig zum Lernen notierst!

Der Erfolg liegt darin,
Wege zu bestreiten
So ist also dein Weg, von Erfolg gekrönt!
Keine Schande, wenn man mal daneben
tritt
Wichtig bleibt, dass die Kraft und der Wille
weiter in dir strömen!

Sieger kommen wieder
Positive Botschaft

Mitten im Leben –
Im Chaos und Durcheinander gestrandet
In Schutt und Asche, in Pech und Schwefel
Mit gestutzten Flügeln hart gelandet!

Du kannst dir nur selbst helfen!
So sieh' es doch endlich ein!
Es muss alles an dir abprallen –
So wie der Lederball an der Wand!

Du musst allein aufstehen –
Keiner reicht dir seine Hand!
Hat das Leben dir auch schon oft einen
Knock-Out verpasst!?
Ich habe schon mehr ausgehalten, trage
seit der Kindheit schwere Last!

Sieger kommen wieder!
Das Leben schreibt so manche Lieder!
Sieger stehen wieder auf!
Sieger bleiben niemals liegen –
Der Kampf streckt sich über den ganzen
Lebenslauf!

Oft schon hart gelandet –
Mit der Fresse im Dreck!
Spuren beseitigen ist kein Ding,
doch die Narben steckt man nicht weg!

Und ist es leider so –
Das ganze Leben aus den Fugen geraten!?
Dann ist es gut,
einen Plan, gegen der Untergang zu haben!

Sieger kommen wieder!
Wenn die erstmal fest dran glauben,
dass du gefallen bist –
Dann halte du dich bereit, weil deine Zeit
gekommen ist!

Das Leben ist hart,
wenn es dich erstmal in die Knie zwingt –
Und das Schicksal dir dabei noch,
mit seiner miesen Schnauze grinst!

Für ein anderes Leben –
Da musst du neue Wege gehen!
Neue Schritte –
Sie sind der Beginn, du wirst es sehen!

Wie oft schon mit der eigenen Fresse –
Tief unten im Dreck gelegen!?
Wie oft schon gezielt –
Doch ging's jedes Mal daneben

Aber;
Sieger kommen wieder!
Sieger stehen auf,
liegen bleiben werden lediglich –
nur im Leben die Verlierer!

Das Ding ist...
Positive Botschaft; für Veränderung

Um etwas zu tun,
was man zuvor noch nie getan hat –
Muss man für Neues offen sein,
muss vertraute und gewohnte Wege mal
verlassen!

Man muss Wege betreten,
die anfangs vielleicht auch fremd oder gar –
seltsam erscheinen und sich –
eben auch genauso anfühlen

Doch nur Wege, sie führen zum Ziel!

Das Ding ist;
Wenn du Neues planst,
neue Werke kreierst –
Dann läuft alles andere parallel auch
weiter!
So oder so!!!

Lass deine Vision –
Dein Werk,
nicht durch die Ausrede
fälschlicher Gedanken zunichtemachen!

In Anteilnahme
Aus dem Leben

Bei aller Traurigkeit in meinem Leben
In all meinen Zeilen –
Menschen und Umstände geben –
Mir Anlass zum Schreiben

Es ist wie eine Art;
Methode einer Schreibtherapie
Lebenssituationen verpacken,
in lyrischer Kreation, Poesie

Dieses Leben,
bietet wirklich, sehr viel –
Mit aller Kraft, in Anteilnahme –
Jede Menge an Herzgefühl!

Herzklopfen, Atemstocken
Aufgaben stemmen, Dinge rocken!
Erkenntnisse erblicken, ergründen
Mit Begeisterung anstecken, Euphorie
entzünden!

Das Schreiben bringt mir einen Lichtblick
Die Lyrik ist die Suche nach meinem
Glück!?
Glück, wie ist es denn etwa definiert!? –
Vielleicht ist es schon Glück,
jede Zeile, die ich verfasse,
die ich publizier'!?

Ansage 2022!
Reflexion – Neuausrichtung

Aufgrund dessen, dass ich mich sehr
neutral verhalte –
Und ich keine Menschen verurteile,
beurteile, kritisiere oder angreife,
zumindest im gesellschaftlichen,
alltäglichen Aspekt – abgesehen also von
der Politik und Wirtschaft,
habe ich immer Loyalität verschenkt – in
der Hoffnung, dass mir diese zurückgesandt
wird.

Es ist die Akzeptanz, dass jeder Mensch
sein Leben, leben soll, wie er es sich
vorstellt.
Das bedeutet, ich habe genug mit mir selbst
zu kämpfen und erfahre und verspüre
dennoch Druck und Einwirkung meiner
Mitwelt!

Von Zeit zu Zeit brauche ich und nehme ich
mir einfach das Recht auf die Zeit, um mit
Abstand Dinge zu verarbeiten, zu realisieren
und zu reflektieren!
Ich begreife immer mehr in meinem Leben,
dass ich psychisches Erleiden abbekomme,
weil sich viele Menschen meiner Loyalität
nicht bewusst sind und diese nicht zu
schätzen wissen!

Immer wieder stelle ich mir die Frage, ob
ich wirklich psychisch erkrankt bin!?
Nun mag sein, aber eines ist mir definitiv
klar!
Menschen können einen depressiv stimmen
und krankmachen!
Durch ihr permanentes beschissenes
Verhalten!

Eines steht für mich fest, eine Ansage an
das Jahr 2022 –
Im Bezug auf meiner neuen literarischen
Ebene, den neuen Strukturen und den
neuen Ideen...

Ich bin nicht schwach und es ist völlig
legitim, mir von Zeit zu Zeit – Abstand zu
genehmigen, denn meine immer geglaubte
„SCHWÄCHE" ist meine verdammte
„STÄRKE"!
Denn meine Abstände und Reflektionen,
bestätigen in meinen Gedankengängen,
dass ich meine Vorstellung und meine
Philosophie meines Lebens tatsächlich lebe
und ausführe.
Dies stößt, natürlich immer wieder auf
Widerstand, denn ich lebe – wo andere
einfach nur funktionieren – und dies ist der
harte, reale und gut für mich zu Wissende
Unterschied von mir zu denen!

In diesem Sinne, an alle Verstandenen und Bestätigten – ein Gruß an euch, wir machen etwas richtig! Denn wir leben!

Und noch eins zum Mitschreiben für alle jene:
MEINE LOYALITÄT WIRD'S NICHT MEHR FREI HAUS GEBEN!!!

DIE MUSS MAN SICH VON NUN AN V E R D I E N E N !!!

In diesem Sinne, freut euch auf neue Schriftstücke im Jahr 2 0 2 2 !!!

Kapitel 2:
HERBST

Von Anfang an
Herbst in mir
Einige Stunden lang
Siegeslust
Halbtot

Von Anfang an
RAP-Battle Modus

Für „Von Anfang an" –
Bin ich schon mittendrin, zu spät!
Wege gegangen, Türe geöffnet!
Wie oft schon – bewegte ich mich verkehrt!?

Ich bräuchte einen kleinen Trost!
Ein kleines bisschen Hoffnung!
Ein kleines „Hey es wird schon wieder" –
In den schwersten Zeiten, da schreibe ich
doch,
die besten Texte – wie gute Lieder!

Leute die keinerlei Vorstellung,
nicht einen Hauch davon haben –
Diese werden niemals die Hürde
überwinden –
Und auch nicht die Last, die ich trage,
tragen!

All die Lappen! All die Bübchen!
Die zockend vor ihrer Konsole hocken in –
Ihrem kindlichen Stübchen, keinerlei
Ahnung von –
Leben und Pflicht! Ballern auf der Konsole –
Tasten glühen, doch einen Peil –
Vom Leben, den haben sie nicht!

Ich versuche nur ein bisschen Trost –
In Zeiten wie diesen hier zu finden!
Es ist ein Fallen in die Tiefe, aufbäumen –
Um eigene Grenzen zu überwinden!

Dies ist ein Text für;
Alle die, die gerade – dieses Fucking Leben
auffrisst!
Dies ist geschrieben für den Ausweg zu
finden,
wo gerade scheinbar keiner zu finden ist!

So Viele folgen brav der Herde
Fromme Lämmer, arme Schweine!
Ich schreibe zur eigenen Hoffnung –
Auf dass, Schreiben auf meiner Seite bleibe!

Gegen jedes Elend, gegen Verlust!
Von Hoffnung und von Kraft –
Ich hoffe, dass der Text etwas bewirkt –
Auf dass ihr, das Tal der Dunkelheit ebenso
wie ich verlass'!

Herbst in mir
Depression

Die ersten Blätter fallen von den Bäumen
auf den Asphalt.
Straßen und Gehwege sind bedeckt.
Es ist trüb und es ist kalt. So ist es in mir
schon seit vielen, vielen Jahren!
Kälte, Schwindel sind so vertraute Gefühle!
Niemand erahnt oder kann sich annähernd
vorstellen, wie es ist – tief in meinem Innern
ständig und ständig wieder Untergänge
durchleben zu müssen!

Dieses innerliche Kribbeln, dieses Zittern
meiner Nerven, dieses Aufreiben durch die
gesellschaftliche Unordnung! Dieses Chaos
und dieses Durcheinander – es ist so
anstrengend für mich!
Seit Jahren habe ich eigene Träume,
Visionen und Ideen! Prinzipiell bin ich
selbst in mir sehr geordnet!
Da ich mich nur sehr, sehr schwer
abgrenzen kann und ich den Großteil
meines Lebens in dieser Gesellschaft
verbringen muss, auch inbegriffen der
chaotischen Arbeitsplätze und
Bedingungen, drehe ich innerlich so oft
durch! Nervenzucken, Kribbeln, Zittern!

Dieses Leben, diese Hektik und dieses
stetige, kontinuierliche Durcheinander,

haben all die Jahre über in mir den Herbst eingebracht!

Mit meinem eigenen Leben, den Wünschen und Träumen, Visionen und Zielen bin ich doch relativ gut bestellt!

Aber dieses Leben, diese Menschen, diese vermurkste Gesellschaft – sie zieht mich verdammt nochmal so sehr und tief runter in die Tiefe!!!

Ich durchlebe immer und immer wieder so viele Untergänge!

Es ist scheißegal, denn leider interessiert es keinen!

Alles dient, dem gesellschaftlichem Zweck und Nutzen!

Gesellschaftliche Beziehungen – alles Murks, alles Käse, alles Rotze!

Alles ist berechnet!

Jeder will für sich selbst den besten Nutzen und Platz in dieser Gesellschaft haben!

Und dies um jeden Preis!

Jeder ist sich selbst der Nächste!!!

Mit diesem Herbst in mir, lebe ich schon so viele Jahre, im Prinzip, schon so lange ich denken kann!

Und die Menschen, die mich nicht verstehen, es strengt mich so an und macht mich müde!

Weil ich weder erklären kann und auch nicht mehr will!

Ich hasse dieses verfickte System!

Ich will diesen verdammten Herbst nicht mehr in mir spüren! Ich bin ihn mehr als nur satt!!!

Geschrieben an einem Sonntagmorgen, mit den Gedanken bei der – morgen beginnenden Woche, ohne Abgrenzung wieder gedanklich am Arbeitsplatz!
Zwar täglich nur 5 Stunden, aber 5 Tage die Woche, ich verstehe und begreife nun, dass es egal ist ob 1 Stunde, 2 Stunden, 5 Stunden... wo man sich nicht wohlfühlt, ist jede Sekunde zu viel!
Es ist so schrecklich unerträglich! Es ist ein nie endender Herbst in mir!

Jeden Tag gehe ich kribbelnden, zuckenden angespannten Nerven den Weg durch diese Gesellschaft!
Mit Unruhe, mit Herzrasen und Panikattacken!
Der einzige Grund, warum ich mir dies tagtäglich gebe ist, weil es verlangt wird durchzuhalten und ich finanzielle Leistungen zu erbringen habe!
Ich habe Verpflichtungen, für die ich finanziell aufkommen muss!

Wie es mir menschlich, psychisch sowie physisch ergeht, es ist so etwas von unerheblich, ich sage es frei heraus, es juckt keinen Schwanz!

Mein Kopf sinkt tief –
Lieber Gott,
bitte schenke mir –
Deinen Segen, deine Kraft,
deinen ganzen Beistand!
Ich lebe in einer Gesellschaft,
frei von Vernunft, mit vergifteten und
auch mit verseuchten Herzen und ohne
jeglichen Verstand!

Einige Stunden lang
Depression

Ich weiß nicht mehr –
Wo mir der Kopf steht!
Ich weiß auch nicht mehr –
Wo hinten und vorne ist!

Ich weiß auch echt nicht mehr –
Wo noch ein kleines Stückchen Hoffnung
ist!

Meine Laune sie wird mieser,
als die Nächte dunkel sind!
Wege verlassen und verloren,
ich bin zerstreut im Wind!

Mein nervlicher Ast –
Er reißt!
Es staut sich Wut, Frust –
Wird zum Hass!

Lotterie ist reines Glück!
In diesem Spiel immer nur Pech!
Pfand am Straßenrand –
Er reicht zum „Leben in den Tag hinein"!

Jeder Tag der mir verstreicht –
An dem ich, was ich will – nicht erreich'
Fördert die Wut, bekräftigt den Frust
Und steigert auch meinen Hass!

Jeden Morgen gehe ich –
Meinen städtischen Runden-Gang!
Dabei lege ich mehrere KM zurück,
über einige Stunden lang!

Und ich laufe mit dem Druck in meinem
Kopf!
Und auf meinen Schultern diese Last!
Frust, Wut und Hass!
Nerven die kribbeln, was mich in mehr in
Ruhe lässt!

Und meinen Augen –
Sie sehen alles verschwommen!
Kribbeln im Hirn, im Innern –
Reizüberflutung – wann hat der Dreck hier
begonnen!?

Siegeslust
Depression

Vor mir der Schreibblock –
Und leeres Papier
Mein Herz befallen von Kummer
Was wird noch werden aus mir!?

Finde ich in der Zukunft –
Noch Tage voller Zuversicht!?
Wandle ich in Dunkelheit –
Und merke es gar nicht!?

An manchen Tagen ist mein Geist –
So benebelt und wie betäubt!
An diesen Tagen gibt's weder –
Ausweg noch Lösung, so wie auch heut`!

Ich versuche mich mit –
Gedanken ans Gute!
Ich bete und bitte um Licht
Mir ist echt nicht zum Lachen zumute!

Festgefahren in Traurigkeit
Begrenzte Fahrbahn von Wut und Frust!
Der Hass findet ein leichtes Spiel mit mir!
Ich erleide seiner mächtigen Siegeslust!

Wer oder was bin ich!?
Traurig, fröhlich, ich weiß es nicht!
Da ist nur eine Palette voll mit –
Kummer auf Herz und Seele!

Spüre ich!?
Fühle ich!?
Tränen nehmen überhand –
Warum ich nicht mehr rede!

Verloren in sämtlichen Gedanken
So, dass der Kopf gerade –
Gar nicht mehr weiß, wo er steht!
Erschreckend, tragisch –
Weil einfach ohne zu fragen, alles so
weitergeht!

Halbtot
Depression

Schöne Zeilen wieder mal schreiben
An diesem Gedankenwunsch –
Werde ich und möchte ich,
wieder mal dranbleiben!

Augenblicklich spendet mir –
Mein Leben keine freudigen Zeilen!
So bleibt viel Platz wohl im Buch nicht
befüllt, leere und trostlose Seiten!?

Ich würde so gerne doch, diesen Bann und
Auch all die Dämme brechen!
Doch ich bewege mich in Scherben, was ich
nicht halten kann, will ich gar nicht erst
versprechen!

Ich fühle mich mies!
Elendig und halbtot!
Getrennter Familienvater!
Mann! Ich bin in seelischer Not!

Sekunden ticken, tick-tack...
Und die Zeiger sie drehen
Von außen ist das wunde Innere,
für keinen da draußen zu sehen!!!

Kapitel 3:
FEDERSPRACHE

Weit weg
Wahlplakatfratzen
Schlüssel zum Erfolg
Du bist dein Ziel
So viele Messages
Pegel im Lot
Mit leeren Händen
Im Guten und Ganzen

Widmung: Seit du gegangen bist

Weit weg
Positive Botschaft

Es ist ein hartes Leben,
wenn du mit der Kraft am Ende bist!
Es ist schwer einen Ansatz zu finden,
wenn der letzte Satz gesprochen ist!

Jetzt setz' dich hin
Schnall dich an!
Fuß aufs Gaspedal!
Fahr' soweit du kannst!

Fenster runter
Frische Luft, lass sie rein!
Dreh die Musik auf –
Schon wird's erträglicher sein!

Weit weg –
Weit, weit weg!
Befrei den Kopf von
Staub und Dreck!

Alles geht –
Besser noch, - mit Abstand!
So wird's leichter für –
Herz, Kopf und Verstand!

Wahlplakatfratzen
Satire/Provokant: Bundestagswahl 2021

Gauner, Gaukler
Und Betrüger!
Gesellschaftliche –
Schauspieler und Lügner!

Der tolle Verbund im –
Bundesparlament!
Während die Bürger malochen,
wird da oben gepennt!

Bundesparteitag!
Tag der Märchen und
Tag der Geschichten!
In Wahrheit ist Zahltag!

Die Politik –
Bejaht alles der Wirtschaft,
zum eigenen Zweck!
Lasst die Unternehmen nur machen...
So lange füllen wir hier oben doch auch,
stets fleißig unsere Kassen!

Es ist ein Geben und –
Es ist ein Nehmen!
Wir geben uns gegenseitig,
in dem wir den Bürgern alles nehmen!

Das Bundestheater-Kabinett –
Tretet ein –
Und schaut alle zu –
Beim bunten bundesweiten Kabarett!

Affenzirkus vor der Bundestagswahl!
Hinterher wird wieder gejammert!
Es wird geschimpft!
Aber schuldig, wieder mal keiner war!

Leere Versprechungen –
Von all den Wahlplakatfratzen!
Es juckt die doch nicht die Bohne,
weil sie sich um unser Wohl –
Das Wohl des Bürgers doch nicht kratzen!

Maskenskandal!
Schmiergeld-Affären –
Vertuschung und die tun auf „unschuldig"
an den Gesetzen sägen!
Geil!!!
Solche Gestalten sollen wir wählen!

Applaus, Applaus –
Doch der bleibt bei mir aus!
Anstelle vom Klatschen,
da pfeife ich sie lieber nur aus!

Feine Lackschuhe –
Können sie alle tragen!
Die Sprache vergewaltigen, missbrauchen,
arme Worte! Sie werden geschlagen!

In diesem Sinne;
Wählt nicht die Falschen,
wählt nicht das Falsche!
Wählt mit Verstand!

Wählt auf jeden Fall!
Denn nur wer wählt, hat Stimme!

Schlüssel zum Erfolg
Erkenntnis und Gedanken

Nicht Umstände –
Nicht Herkunft –
Nicht Bildung –
Nicht Geld –
Nicht Angst –
Nicht Gedanken –

Nichts von dem hält dich!

Es sind Menschen,
die dich einengen,
einzwängen, anketten,
unterdrücken, kleinhalten...

DEINE TRÄUME ZU LEBEN!!!

WENN DU ETWAS WILLST –
DANN TU ES VERDAMMT NOCHMAL!!!

Du bist dein Ziel
Positive Botschaft

Jede Erkenntnis
Jede Situation
Jede Erfahrung
Jeder Moment...

...hat mich zu dem gemacht,
was ich heute bin!
...hat mich dorthin gebracht,
wo ich nun stehe!

Bin ich auch lange noch nicht –
Wo ich gerne sein möchte,
so bin ich dankbar aber –
Denn ich habe angefangen!

Jede Niederlage,
hat mich stärker gemacht
Jedes Scheitern,
trieb mich immer weiter voran!
Jede Träne,
die ich weinte – machte mich härter!
Darum, - bei allen Hindernissen und
Schmerzen, es ist der Weg!
Dein Weg, denke immer daran!

Du gehst ihn!
Du bestimmst ihn!
Du gewinnst ihn!
Du bist dein eigenes Ziel!

Wird mal wieder Zeit –
An mich zu glauben!

Wird mal wieder Zeit –
Zum Justieren, an meinen
festgestellten Schrauben

So viele Messages
Positive Botschaft

Wenn dein Leben aus den Fugen gerät
Wenn dein Zug abfuhr, bist du zu spät!
Trotz schnellem Lauf, auf die Schnauze
gefallen!
Der letzte Strohhalm knickt, an keine
Rettung kannst du dich krallen!

Nichts ist immer im Gleichgewicht
Hoffnung und dein gutes Herz –
zusammenbricht!
Schmerz durchfließt deinen Körper samt,
vor dem Anfang kommt ein Untergang!

Wenn du spürst –
Wie dein Leben dich zerfrisst
Wenn du in den Flammen des Feuers liegst
Und du langsam erstickst –
Wenn du begreifst und du blickst, dass dir
niemand hilft und du ganz allein bist!

Dann bleiben dir zwei Möglichkeiten –
Bleibe Asche, oder werde zu einem Phönix!
Nach der Feuertaufe, wenn du wieder
aufsteigst, wirst du spüren, ob du nun einer
geworden bist!

Keine Rettung kommt von allein!
Deine Knochen müssen hart wie Eisen sein!
Der Wille muss bei Kräften bleiben
Dann wirst du aus der Tiefe des Feuers
steigen!

Verlieren ist keine Schande!
Liegen bleiben ist keine Option!
Lass deinen Lebensgeist entfachen –
Mach dich bereit! Kämpfe! Komm schon!

So viele Messages –
Habe ich schon im Leben gesendet
In der Hoffnung, dass
das Blatt sich doch mal wendet!

Ich wollte etwas erreichen
Tage – die Zeit ist am Verstreichen!
Ja, ich setze hier die Zeichen!
Aber stellen sich auch die Weichen!?

Also nochmal von vorn an –
Mein Name: Christian Hofmann!
Ich habe Ziele, Pläne, Träume und Visionen
Neustart des Konzepts, Modus + Missionen!

Pegel im Lot
Über die Stadt Marburg an der Lahn

Meine Rettung, mein Pegel im Lot
Marburg – mein Leben,
bei rauem Wind, im harten Sturm –
Es sitzt das Segel in jeder Not!

Marburg – mein Anker!
Mein allzeit-bereiter Trost –
Marburg – 15 Jahre getextet,
jetzt geht's erst richtig los!

Buchreihe verfasst
Mit eigenem Glauben,
mit der Willenskraft immer voran –
Und entgegen der Zeit geschafft!

Marburg mein Grund –
Meine Erdung bei voller Dichte!
Hier begann meine Saga, die Ära –
Meine literarische Geschichte!

Die Lyrik von Marburg
Und auch noch weit darüber hinaus
Stadt an der Lahn,
buchstäblich des Wortes Ortes Zuhaus'

Ich kann schreiben ohne Punkt –
Und auch ohne Komma!
Aus und über diese Stadt –
Satz beendet und nochma'!

Marburg –
Auf jeden Fall bist du für mich –
„Prägender Teil" meines Werdegangs!
Du, mein Intro aller Bücher bis dato!
Was auch noch kommt, … seit Anfang an!

Mit leeren Händen
Gedanken und Feststellung

Wir reden und reden –
Wir reden und –
Wir reden aneinander vorbei
Wir reden und –
Wir versuchen zu verstehen,
wenn wir uns begegnen
Weil wir glauben, zu wissen –
Alles zu sehen!

Wir glauben zu glauben –
Einfach alles zu wissen!
Doch wir wissen nicht –
Was so schwer zu glauben ist!

Korrespondenz
Small-Talk
Interview
Do something!
Do something new!
Please!

Neue Akzente, wieder mal –
Mal wieder ja, neu angekommen am Ende!
Mit vollem Kopf –
Mit vollgepackten Gedanken
So stehen wir doch letzten Endes –
Nun wieder so da,
mit total, leeren Händen!

Im Guten und Ganzen
Positive Botschaft

Abschalten! Abgrenzen!
Lass' raus gehen, auf den Straßen tanzen!
Input vom Alltag!
Zu viel ist zu viel, im Guten und Ganzen!

Lass' uns Melodien und Beats –
In uns pausenlos erklingen!
Mit vollem Lebensgefühl auch –
Das Leben und Gefühl besingen!

Lass' keine Zeit mehr verschwenden!
Unsinnige Meetings besser schneller als
gleich erst – beenden!
Krisensitzung, Krisenrat!
Krise um Krise! Echt schade um den Tag!

Die Straßen da draußen –
Sie sind die Wege, um sich zu verbinden
Lass' Vorurteile und Hass vom –
Erdboden für ein- und allemal
verschwinden!

Die Erde ist rund!?
Malt ein fettes PEACE-Zeichen auf sie!
Punkt!!!
Lass' Wege, Flüsse, Straßen bereisen –
Klassifizierungen, diese werden uns ewig
unterscheiden!!!

Seit du gegangen bist
Widmung - Nachruf

Lange Zeit habe ich dir nicht mehr
geschrieben
Aus Schmerzen, aus Trauer, aus Leid –
Ich habe nicht die richtigen Worte
gefunden, nur meine Gedanken an dich,
diese habe ich an die Decke geschwiegen!

Ich würde so gern mal wieder –
Ein Wort, nur ein Wort von dir hören
Was soll ich bloß von mir, dir erzählen!?
Die Umstände, die mir mein Leben
erschweren!?

Ich würde so gern mal wieder mit dir reden
Ich erleide der Entfernung, zwischen
Himmel und Erde!
Ich glaube, ganz tief und fest im Herzen
und wünsche, dass es dir gut ergeht, wo du
nun bist!
All das Reden und unsere Zeit –
Nichts im Leben erfüllt diese Leere, weil
dieser Platz nicht zu besetzen ist!

Wie oft halte ich meine Tränen zurück!
Wie oft spricht die Trauer in meinem Blick!?
Wie oft überkommt mich das Gefühl,
dass ich hier in diesem Leben erstick!?

Keine Reden mehr, die offen und ehrlich –
Vielleicht auch manchmal hart waren!
Keine Ehrlichkeit, kein Verständnis mehr –
Wie noch bei dir, in all den Jahren!

Ich nahm mir einfach keine Zeit –
Um meine Trauer zu tragen
Ich habe all die Tränen unterdrückt,
noch immer, auch nach Jahren!

Was bleibt mir außer –
All die Trauer in Worte zu fassen!?
Manchmal fühle ich nichts –
Außer, mich und mein Leben zu hassen!

Seit du gegangen bist –
Fehlst du mir!
Seit du gegangen bist –
Ist das Leben so leer hier!

Ohne dich,
würde ich heute nicht mehr hier sitzen
Verdammt!
Ich konnte nichts für dich tun,
das Leben ist so ungerecht und hart!
Verdammt!

Der Kopf ist so voll und meine Tage –
Sie fallen mir so verdammt schwer!
Was ist bloß los mit mir!?
Ich fühle mich nur noch so leer!

Manche Lieder, manche Melodien –
Sie erinnern mich an dich!
Ich vergesse sie nie!
Ich vergesse sie nie!
Ich vergesse dich nicht!
Nie!

Ich bin innerlich so fertig!
Ich bin so ermüdet vom stetigen Kämpfen!
Atemzüge des Lebens sind rau –
Es ist wie „Ich rauche auf Lunge"!
In meinen Ohren, für immer deine Worte;
„Es nutzt alles nichts, immer Kopf hoch,
Junge"!

Es ist nun dein dritter Geburtstag,
den du im Himmel feierst!
Für so wie du warst, hoffe ich –
Dass Gott deine Art liebt, schätzt und
angemessen feiert!

Nicht die Besten sterben jung,
sie sterben, wenn sie am meisten gebraucht
werden"
Christian Hofmann, für meinen Opa
*Heinz Hofmann, *27-09-1934, +05-07-2019*

In ewiger und ehrenhafter Erinnerung!!!

Kapitel 4:
Gott ist mein Haus

Thesen, Verse, Reime,
Psychisches Leiden

Mein; Lieber Gott
Gnade
Gott ist mein Haus
Tageszustand
Der Schädel
Jede Nacht
Na, Prost! Mahlzeit!

Eigentlich... dieses Wort, ist schon ein Begriff, der nicht wiedergibt, was man ursprünglich wollte...

Ich wollte keine Depression mehr in einem Buch verarbeiten, aber, alles was ich lebe und verfasse – sind Teile von mir; Die hellen, sowie auch die dunklen Zeiten und Seiten eines Buches

Thesen, Verse, Reime, Psychisches Leiden
Aus der Tiefe meiner Seele

Wo ich gerade hier dabei bin, dies brauche ich so oft für mich! Ich brauche die Zeit mit Zettel und Füller – zur Beschreibung meiner psychischen Leiden!

Seit vielen, vielen Jahren ergeht es mir schon so! Es ist für mich nichts Neues! Es sind nur Erkenntnisse und tiefgründige Wahrnehmungen, wie ich mir nur selbst helfen kann!

Ich bin in diesem Leben schon so oft – neben der Strecke gelaufen! Trauer und Schmerz sind Gefühle, die mir seit der Kindheit vertraut sind!

Hass, Wut und Aggressionen, sind in den gut – letzten 10 Jahren extrem und vermehrt entstanden! Denn es macht mich alles so unendlich müde!

Es strengt mich alles so sehr an! Immer und immer wieder von vorne erklären zu wollen, zu müssen – was mit mir los ist und was alles in mir vorgeht!

Es strengt so sehr an Menschen, die nicht
verstehen, die auch gar nicht verstehen
wollen – was ich habe! Was ich und woran
ich erleide und wie es ist, wenn man
hypersensibel ist!

Licht, welches künstlich erzeugt wird,
Geräusche und Geräuschkulissen ohne
regulierbaren Pegel, sind für mich Tage in
pausenloser Anstrengung!

Auch ein hohes Terminaufkommen ob in
privater oder beruflicher Hinsicht!
Informationsfluss, es ist ein Pensum, eine
Dosis, die mir einfach zu viel ist!

Vollgepackt mit Pflicht und Zwang, etwas
tun zu müssen, verantwortlich zu sein für
alles und jeden! Die eigen abverlangte
Perfektion tritt dabei noch hinzu!

Mein innerliches Zittern, das Kribbeln
meiner Nerven, den Schwindel, diese
Ohnmacht, die Übelkeit – niemand fühlt
das alles, nur ich ganz allein!

Meine Ruhelosigkeit, dieses ständige und
permanente „Etwas tun müssen" reizt
meine Psyche bis aufs Blut! Ich verspüre ab
einem gewissen Limit, meine Überreizung
der Nerven!

Schlafstörungen, Herzrasen, Ermüdung, Erschöpfung, dies tritt seit fast einem Jahr auf, ohne in irgendeiner Form wieder abzuschwächen oder abzunehmen!

Geschuldet, sicher auch neben den beruflichen auch meiner privaten Gründe und den Konsequenzen meiner getroffenen Entscheidungen und Vollziehungen!

Das Zucken meiner Nerven und das Kribbeln dieser, spielen sich immer in meiner linken Körperhälfte ab! Taubheit, erschlaffende Muskeln, von Kopf bis in die Zehen!

Permanent habe ich in meinem Leben, nur gemacht – was ich eigentlich nie wirklich wollte! Aus Angst zu enttäuschen! Angst – Dinge nicht richtig auszuüben!

Mittlerweile stelle ich fest, dass ich in meinem Leben nicht gescheitert bin, sondern es haben Menschen zu diesem „Scheitern", meinem Zustand beigetragen!

Weder, meine Angst, noch mein introvertiertes, kindliches Verhalten von damals haben mir geschadet, noch mich vernichtet oder beängstigt!

Es waren die Menschen, die mir sagten;
„Ich sei nicht normal"!
„Ich sei zu ruhig, zu schüchtern"!
„Ich sei zu einsam, Beteiligung – zaghaft"!

Aber Pädagogen, die mich hätten
unterstützen sollen, sie habe mich
niedergemacht und letztendlich in schwerer
Zeit begraben!

Anstelle von Förderung, erfuhr ich nur
Forderung und Kritiken!
Ich erfuhr nur ein stetiges Abwerten meiner
Persönlichkeit und Beerdigungen!

Heute bin ich meines Lebens und des
permanenten Durchhaltens so müde!
Stellenweise habe ich keine Kraft mehr!
In solchen Momenten bin ich – abwesend!

Auch reagiere ich abweisend, denn mir fällt
es schwer zu sprechen, ebenso alle
Informationen aufzunehmen und zu
verarbeiten, die auf mich einprasseln!

Sprachstörungen und es verschlägt mir
regelrecht die Stimme!
Die Tage voller Müdigkeit und Erschöpfung,
sie steigern sich mehr und mehr!

Hass, Wut und Aggressionen werden stärker! Auch leide ich mittlerweile am ess-gestörten Verhalten! An Schnappatmungen und Anspannungen!

Aber trotz alle dem, bin ich nicht asozial! Oder auch nicht asozial geworden! Ich mag weder Krieg, noch Gewalt! Ich hasse einfach diese Ungerechtigkeit!

Und ich hasse, dass ich seit nun mehr als ca. 18 Jahren JOBS ausübe und meine Berufung nicht anerkannt wird, dass ich schreibe! Dass meine Schriftstücke, auch meine Zeit und Zuwendung sind und dies somit auch für mich Arbeit ist, therapeutisch gesehen, ist es verdammt harte Arbeit!

Immer und immer wieder heißt es; „DU MUSST DEIN GELD VERDIENEN"! Ich sehe in der Gesellschaft immer nur – Leistung erbringen zu müssen! Egal wie und mit welchen Mitteln!

Viele in der Gesellschaft sind sozialschwach! Aber diese müssen auch demnach so ihr Leben gestalten und bestreiten – die tolle deutsche Bezeichnung dieser Klassifizierung schimpft sich – HARTZ VIER – im Volksmund auch genannt, die asoziale Bagage!

Aber wie schnell man dorthinein gerät,
gerade wenn man psychische Leiden erfährt
und das eigene Leben ins Wanken gerät –
Dies hinterfragt hier keine Sau!

Ich für mich und meine Verhältnisse,
könnte sofort damit leben!
Ich brauche nicht mehr zum Leben!
Geld rettet keinen von uns am Ende!

In Zeiten von HARTZ VIER – so könnte ich
zumindest in meinem Heilungsprozess von
dieser Gesellschaft, mit Schreibmedizin
wieder etwas für mich „heilen"!

Es ist ein Heilen im Sinne von;
Von mir aus – 10 Stunden am Tag
Gedichte und Reime verfassen, mich mit
dem Leben auseinandersetzen!

Schreiben ist für mich Therapie und
Medizin – es ist „einfach meine Ruhe" haben
Ich benötige weder beschissene Luxus- oder
irgendwelche materiellen Dinge wie
Gegenstände...!

Ich sehe eine kranke und kaputte
Gesellschaft! Eine, die einfach einem hohen
Konsum der Gier, der Sucht verfallen ist!
Ich habe auch eine Sucht! Die Sucht
danach – MEIN LEBEN LEBEN ZU KÖNNEN
UND ZU WOLLEN, WIE ICH ES WILL!!!

Gott hat mir die Gnade erwiesen, aus meinem Leid – das Positive zu ziehen, zu sehen und auch letztlich zu machen!
Die Sprache ist meine Therapie und meine heilende Medizin geworden!

Er hat mich nie meines Bewusstseins entfremdet, nie getäuscht – dass, das mein Leben ist, wie ich es leben möchte –
Nur er hat es mir geschenkt!

Alles ist begrenzt!
Das Leben, aber auch das Leid!
Ich finde immer mehr zu meiner Kraft, langsam aber sicher von diesem kranken System aussteigen zu wollen!

Ich bin nicht asozial! Ich betrüge keinen!
Aber wie oft, wurde ich schon hintergangen!? Wie oft belogen und betrogen!?

Ich habe die Schnauze so voll von der gesamten heuchlerischen, gespielten, verfickten, geldgeilen Elite-Gesellschaft!
Und auch die Schnauze so voll, von den Schaustellern der Regierungen!!!

Halleluja und Amen noch dazu!

Mein lieber Gott
Aus der Tiefe meiner Seele

Scheint hier in diesem Leben –
Nicht wirklich, hier einen Ausweg zu geben!
Außer, den Glauben an Gott zu festigen!
Um Gnade bitten und Vernunft zu beten!

Meine Sorgen, mein Kummer
Meine Nöte und mein Leid
Wie es mir wirklich ergeht,
es weißt nur du, mein lieber Gott allein!

Einsam und allein, verloren –
Und gefallen in meinen Gedanken
Bedenkend und begreifend, mit meines
Geistes – Gottes Dank! Gott, habe Dank!

Ich trage Trauer, ich könnte weinen –
Den ganzen lieben langen Tag!
Meine Seele ist zerrissen, mein Herz –
Es ist am Schreien, es lässt nicht nach!

Lieber Gott, ich mache mir so viele –
Gedanken über die Welt
Über dich, über mich, über uns!
Ich weiß du bist da, bitte sende uns
Vernunft!

Gnade
Aus der Tiefe meiner Seele

In allererster Linie,
schreibe ich dies –
Als Tagebuch, ein an mich selbst
adressierter Brief!

Von Zeit zu Zeit verfasse ich
Denn ich befasse mich –
Mit der gesellschaftlichen Befangenheit
An jedem Tag, zu jeder Nacht, in 24
Stunden an der Tageszeit!

Ich schreibe und es fließt –
Und es strömt aus mir heraus!
Egal was man von mir hält –
Und auch wenn, man es kaum glaubt!

Ich schreibe nicht aus Gründen wie;
Zahlemann und Söhne!
Ich schreibe mit Gottes Gnade –
Und für keine hohen Löhne!

Ich schreibe, weil der liebe Herr Gott –
Mir scheinbar diese Gnade,
vielleicht für eine Art „Gabe" schenkt!?
Dies nicht zu schätzen, zu missbrauchen –
Ich wäre geistlich sehr beschränkt!

Gott ist mein Haus
Aus der Tiefe meiner Seele

Gott ist mein Haus,
das ich bewohn'
Gott ist mein Haus –
Und dort fühl' ich mich wohl

Seine Anwesenheit
Sie spendet mir –
Trost und Kraft,
ich werde nicht verloren sein!

Dumm und naiv –
Wäre zu glauben,
dass Gott an allem Schuld trägt,
bei allem was geschieht und wie der
Mensch mit der Welt umgeht!

Gott schenkte uns die Freiheit!
Wir können frei wählen –
Profit ergaunern und Verderb
Oder Freude, Ehrlichkeit und sein Gebet!

Tageszustand
Aus der Tiefe meiner Seele

Wieder erschöpft aus dem Bett gequält
Müdigkeit die sich durch den Tag hinweg
trägt!
Viele Jobs bislang durchlebt, so viele
Arbeitsplätze schon gesehen!

Chaos und Durcheinander
Beruflich, sowie privat!
Ich erleide eine nervenaufreibende –
Psychisch qualvolle Irrfahrt!

1000 Dinge prasseln auf mich ein!
Lebensrettung!? Ich steh' ganz allein!
Ich kann nicht mehr! Meine Kraft ist leer
Die Last, sie ist wie Blei so schwer!

Ich bin mit der Kraft am Ende!
Gedanken so viele, Kopf zu voll!
Gefühle sind gestrandet, hart gelandet –
Mein Ausdruck ist mau, ertönt in Moll!

Der Schädel
Aus der Tiefe meiner Seele

Es ist schon eine harte Nummer!
Psychische Belastung beruflich,
sowie auch im privaten Bereich –
Beklemmung beim Atmen, Herzstechen
auch fühlbar zugleich!

Mein Kopf ist so voll!
Jeder Platz mit irgendetwas belegt!
Herzschmerz, Krämpfe und Verspannung
Sehfeld gestört!

Ich frage mich echt,
wie es noch weitergeht mit mir!

Informationen, der Schädel –
Er ist so vollgepumpt mit Dreck und Mist!
Belagert und bedrängt mit Scheiße!
Mit allem, was gar nicht wichtig ist!

Heute ist wieder so ein Tag –
Ich bin erschöpft, müde, so platt!
Ich fühle mich wie ausgelutscht!
Gedankenstau im Nebelgrau
Alles so trübe, wenn ich aus dem Fenster
schau!

Herzschmerz, Herzrasen, Herzstechen!
Druck auf der Brust
Wärme strahlt am Herzen und im Rücken,

bedrohlich fremd, Hitzewallung, die ich so
noch nicht kenn'!

Bei allem Stress,
bei aller Verzweiflung
Ja, alles geht vorbei! Definitiv!
Chaos und Hektik, was mich krankmacht!
Weil manches so leider lief!

Seelische Schäden, die ich davontrage!
Es nimmt mir niemand mehr!
Ein Tag, ohne ein Lachen, es bleibt ewig –
Eine Erinnerung, so leer und schwer!

Jede Nacht
Aus der Tiefe meiner Seele

Jede Nacht werd' ich wach!
Herzstechen – Schlafstörung!
Am Wandeln in Träumen verlassener
Räume – meiner eigenen Anhörung!

Ich wollte keine Zeit mehr verschwenden
Keinen Blick zurück mehr –
Meine Aufmerksamkeit schenken!
Blick nach vorne, anstatt auf Rückblende!

Was soll ich sagen!?
Bin schlecht am Schlafen!
Alles holt mich in den Nächten ein!
Vergangenes ist vergangen –
Doch es lässt mich niemals frei sein!

So wache ich in den Nächten auf
Liege wach, mit Herzrasen so da!
Kopf voll, überfüllt und schwer –
Alles zu verarbeiten was geschah!

Wirklich frei werde ich niemals sein!
Die Last auf Herz und Seele
Sie ist erdrückend schwer –
Wie 10.000 Tonnen Blei!

Na, Prost! Mahlzeit!
Aus der Tiefe meiner Seele

Das Traurige und das Schmerzhafte im
Leben ist;
Norm und Form, Gewohnheit; „Weil es halt
so ist"! Es ist deine Pflicht!

Es macht einen kaputt!
Es macht einen krank!
Ob man Trauerphasen durchlebt,
ob einen gerade das Leben zerstört...

Ob das Schicksal einem den Boden unter
den Füßen wegreißt –
Es ist alles so FUCKING BULLSHIT EGAL!
Hauptsache du funktionierst!

Hauptsache du bezahlst deine Steuern
Hauptsache du bezahlst dienen Unterhalt
Hauptsache du bezahlst Strom und Miete!

Hauptsache du arbeitest bis in deinen TOD!

NA, PROST! MAHLZEIT!

Kapitel 5:
MIT ABSTAND!

Sinken
Langsam-mahlende Mühlen
Lautstärke
Mit Abstand
Für jeden Stand
In diesem Buch
Unternommen
Keine Chance mehr
Gottes Engel
Meiner Belastung Grenze
Im Vollrausch

Marodes Bauwerk

Sinken
Provokation / Gesellschaft

Alle Mann ins Rettungsboot!
Die Lage ist ernst, der Stand auf Not!
Leuchtfeuer und Signale –
Es ertönt -Alarmstufe Rot-

Das Schiff es sinkt –
Es wird geschrien
Ihr könnt laufen –
Doch nicht fliehen!

Wir sind dem Untergang
Schon längst getrost!
Das Geschrei ist groß,
denn es geht los!

Wir sinken!
Wir sinken!
Keine Rettung mehr in Sicht
Jeder stirbt am End' für sich!

U N T E R G A N G –
Drauf zugesteuert, seit Anfang an!

Langsam-mahlende Mühlen
Rap-Format

Wie es in mir aussieht –
Dies ist was keinen wirklich interessiert!
Keiner weiß es mir geht,
weil keiner `n Plan hat, wie's um mich steht

Getragen von Trauer
Erfüllt von Schmerz und Leid
Das ist mein Leben!
Gigantisch diese Lebenszeit!

In Chancen vergeben
Stetig mit der Aussicht und Ziel –
„Irgendwann mal" – besser zu leben
Doch anstelle von leben, immer nur drüber
reden!

Wie viele Menschen sind denn wirklich
glücklich!?
Ich sehe so wenig Freude, wenn mein Blick
auf deren Gesichter gerichtet ist!

Ich muss echt sagen, es schmerzt!
Denn so wenig ist im Leben echt!

So viele Tränen könnten laufen am Tag!
Bittere Realität, ihr Schlag trifft
knüppelhart! Auch das Schicksal trifft dick!
Auf so vieles im Leben, gebe ich mittlerweile
`nen Riesen-Fick!

Refrain/Replay:
Alles –
Auf die letzte Karte!
Nächster Lauf!
Ey! Ich starte!
Geh aufs Ganze!
Keine Frage!
Hart und direkt!
Klipp und klar! Für ein und allemal!
Dies hier ist –
Meine Ansage!

Während andere sich `batteln' –
Mache ich weiter mein eigenes Ding!
Längst begriffen, kannst dich nur selbst
retten! Das ist auch, warum ich zu
schreiben anfing!

So viele die, „auf gute Freunde" machen
Doch im Endeffekt, auf dich scheißen!
Hart die Erkenntnis!
Lerne es besser früh schon zu begreifen!

Ich habe viele Träume –
Dazu neugeformte Ziele!
Alles kann gelingen, setze die Hebel in
Bewegung, alles läuft –
Auch langsam-mahlende Mühlen!

Lautstärke
Leben

In manchen Momenten, da muss man die
Gedanken einfach sacken lassen
Und die Musik in voller Lautstärke
aufdrehen und die Melodie, den Beat fühlen
und voll und ganz das Lied für sich
sprechen lassen!

Regelmäßige Pausen,
regelmäßige zeitliche Abstände –
Sie bringen all die ungeordneten und auch
die aufgeriebenen Gedanken und Gefühle
mal wieder ins Gleichgewicht!
Von Zeit zu Zeit benötigt man diese Pausen
und diese Abstände!

Fühle dich!
Nehme dich wahr!
Lebe und atme!
Es ist deine Zeit!
Es ist dein Leben!
Keiner außer dir selbst – spendet und
verschafft dir Pausen und Abstände!

Beat passt zum Herzschlag
Melodie findet zum Gefühl
Wenn du diesen Moment lebst –
Gab der Tag dir verdammt viel!

Mit Abstand
Wortspielerei

T rotz Maske und Abstand
Wortwitze von: Ab Stand
Stand jetzt – standhaft
Stand Dart – Stand Art
Liter A Tour
Lieber Artur
Liberal pur
Liebe Amour
Bus Verbindung
Genuss Erbringung
Frust Gesinnung
Ein Muss – der Innung!
E- lek tro Motor
E- Zweck zwo Rotor
EDV, Klo – Moni Tor
Geh, wo!? Roll a Tor

Ein Kauf Zen trum
Ei aufs Brett drum
Beim Lauf-Referendum
Kein drauf, denn endet um…
W Ort Spiel er Ei
Im Wasch Salon
Zur ab End Zeit –
Geistiges come on!
Jetzt mach mich da nuff
Hänge die Wäsche uff
Dann mach ich einen druff
Schieße mich ab, ab in den Suff!

Für jeden Stand
Biografie

Innerlich zerreißt mich mein Leben
Alles entgleist!
Ich brauche all meine Kraft –
Ich halte dagegen!

Es ist niemand da, der zu mir hält!
Gefühle verhärten sich, werden zu Stein!
Ich durchlebe Hölle und Untergang
Ich stehe hier, ganz allein!

Alles was mich noch oben hält –
Der Draht und Blick zu meinen Feinden!
Denn meine Liebe wurde purer Hass!
Mein Triumph über sie – dieser Wille –
Er übersteigt all mein ganzes Leiden!

Für jeden Stand bislang, hart gekämpft!
Ich habe auch an Boden verloren!
Gefallen in ein tiefes Loch –
Doch in diesem werde ich wiedergeboren!

Der Hass muss wieder,
zu meinem Antrieb und Stärke werden!
Die Wut und der Frust sich bestenfalls,
in pure Ironie verfärben!

In diesem Buch
Biografie

Liegst du unten im Dreck –
Da hilft dir niemand auf!
Es ist deines Lebens Untergang
Die Lage deiner Lebenstage
Helfen wird dir niemand, sie helfen nur –
Dich zu begraben!

Und wenn du wieder aufstehst
Wenn du dich aufrappelst und dein
Verhalten änderst, wundern sie sich noch!
Nach all deinen zurückgelegten Wegen und
hinterlassenen Narben!

Und wieder sind es Zeilen in diesem Buch
Ein Text der depressiv gestimmt ist!
Doch ich entferne ihn nicht,
denn er gehört zu meinem Leben –
Ob ich es gut finde oder nicht,
ob ich es möchte oder nicht!

Auch wenn hier gerade vielleicht –
Eine Welle positiver Zeiten bricht,
psychisch-depressive Zustände –
Es genauso, wie es mir aus dem Herzen
spricht!

Unternommen
Biografie

So viele seelische Abstürze
Mein Leben nur noch ein Desaster!
Kein Engel mehr an meiner Seite!
So oft am Abgrund, allein saß ich da!

Die Vergangenheit sie quält!
Die Angst sie zähmt und lähmt!
Sie redet mir teuflisch-böse Dinge ein!
Tod und Verderb, mit dem stehe ich ganz
allein!

Angst und Qual
Seit meinen Kindertagen!
Immer und immer wieder –
Stelle ich hier meine Existenz in Frage!

So viele Versuche zu leben –
Ich habe sie schon unternommen!
Immer wieder am Ende – meiner
Eigenen Kräfte angekommen!

Ich kann nicht mehr versuchen,
zu zeigen – was ich doch nicht bin!
Diese Gesellschaft sie engt mich ein!
Sie hält mich in der Depression tief drin!

Träume und Ziele
Jedes Mal wurden sie zunichte gemacht!
Dass Leben ist ein Kampf –
Wurde mir schon so oft gesagt!

Keine Chance mehr
Biografie

Es gibt keine Chance mehr –
Etwas in irgendeiner Form gutzumachen!
Geschehen und getan,
keine Zeit wird's je vergessen machen!

Wenn das Leben erstmal beginnt,
aus der Spur zu schludern!
Wenn das Boot gesunken ist, gibt's
keinen Weg mehr zurückzurudern!
Ich bin aufs Gleis gefallen!
Auf der Strecke liegen geblieben!
Es ist zu spät die Weichen zu stellen!?
In meinem Innern herrscht gebrochener
Frieden!

Ich bin meiner Schritte des Weges –
Schon viel zu weit gegangen
Ich bin in Trauer ersoffen!
Ich bin mehr als einmal schon
untergegangen!

Was habe ich noch zu leben!?
Im Unglück, im Schrott meiner Tage!?
Ich möchte nicht mehr prangern,
bin mir selbst genug die Plage!

Ich liege im Loch!
Mein Verdienst hier bei den Ratten!
Alles Glück zerschossen, was ich
Vielleicht jemals besessen hatte!?

Gottes Engel
Biografie

Ich weiß, dass ich die Verantwortung –
Für was ich schreibe, lebe – trage
Und ich weiß, wenn ich ihn erlebe –
Kommt der Tag deiner vielen Fragen!

Wie soll ich dir meine Gefühle
Meine Gedanken, meinen Geist erklären?
In meinem Leben gab es Dinge,
die mir meinen Weg erschweren!

Ich liebe dich! Bei allem Leiden!
Meine Liebe hält in all den schweren Zeiten!
Es gibt Wege meines Lebens,
da kann das Beste mich scheinbar nicht
begleiten!
Ich habe zu lange gelitten, es sind Wunden
die einfach niemals in mir heilen!

Suchst du eines Tages selbst mal nach –
Mut, Trost und Kraft und Rat
Ich wünsch mir, Gott schickt dir einen
Engel, für jeden schweren Tag!

Ich wünsche dir das Beste dieser Welt!
Dass dein Herz lacht, wann immer es dir
gefällt! Ich wünsche dir Sonnentage auch in
grauen Zeiten, Gottes Engel, er möge dich
stets alle Zeit belgeiten!

Meiner Belastung Grenze
Biografie

Ich lebe an der Grenze –
Meiner ganzen Belastbarkeit!
Harte Tage, trostlose Wege, Trauer seit der
Kindheit, habe ich mich ihr wohl
anvertraut!?

Ich hänge tief und fest –
In meiner Vergangenheit!
Schmerz und Trauer, sind Begleiter meiner
Lebenszeit, sie stecken tief unter meiner
Haut!

Mein Leben, es zieht an mir vorbei!
Nur in Gedanken, da lebe ich manchmal
frei!
Nix erreicht von meinem Traum und Ziel!
Leidgefühl im ganzen Trauerspiel!

Ideen und Freude allesamt weggespült!
Schon in Grundschultagen!
Das Kind mit Wünschen im Herzen –
Es wurde im Schulhof begraben!

Niemals vergesse ich diese Zeit!
Hin und wieder nur verdränge ich aus der
Zeit, mein erlebtes Leid! Ich kann nicht aus
meiner Haut, ich sehe das Leben wohl als
Feind!?

Im Vollrausch
Biografie

Welch ein seltsamer und
Auch verwirrender Tag!
Ich bin gewesen, wie ich niemals werden
wollte!
BASTARD!

Und dann sitze ich am Abend wieder da
Schreibe meinem Verhalten – harte Rede,
Ansage!
EN GARDE!

Und neben mir sitzt eine Person
Sie erinnert mich an dich!
Welch eine Ähnlichkeit –
Ich verkrafte es wohl nicht!?

Illusion oder Trance!?
Deja Vu – Keine Chance!?
Mein Leben liegt in sämtlichen Scherben!
Gefallen so haltlos! Im Vollrausch zu Erden!

Welch ein seltsamer und geisterhafter
Moment
Person neben mir, als ob ich dich verdammt
nochmal kenn!

Ich bin gewesen, wie ich niemals werden
wollte!
BASTARD!
Ich verliere mich langsam, aber sicher
Ansage!
EN GARDE!

Anstatt feiner Note
Derber Schlag!
Was für ein skurriler –
Und irrsinniger Tag!

Alles Vertraute
Doch plötzlich so fremd!
Person neben mir,
als ob ich dich so verdammt gut kenn!

Marodes Bauwerk
Biografie

Seltsam, sehr seltsam, so geht dieses Buch
Und meine ganze Reihe hier zu Ende!
Ich brauche frische Luft! Wie ein
Neuanstrich der alten Wände!

Ein frischer Geist in jahrelang –
Festgefahrener Gewohnheit
Fundament ist echt im Keller!
Frisches Besteck, frischer Fraß –
Auf dem altzerkratzen Teller!

Spiegel haben 1000 Risse!
Doch die Vorhänge so faltenfrei- schön!
Die Tür fällt längst aus dem Rahmen!
Ich sage dem maroden Bauwerk; „AUF
NIMMERWIEDERSEHEN"

Mein letztes Buch „ENTGEGEN DER ZEIT"
Es geht auf `LITERATOUR´
Ich brauche definitiv frische Luft!
Wenn ich auch nix mehr weiß, dies weiß ich
nur!

Jetzt lege ich besser vorerst einmal –
Füller und Zettel beiseite!
Für Neusortierung, Restaurierung,
brauche ich ein paar Wochen Zeit

03.10.2021 – ENDE DER DURCHSAGE!!!

BONUSMATERIAL

Nach leider wieder mal
Schwerfälligkeit mancher Texte
in diesem Buch,

Die letzten Zeilen der Reime,
welche die Reihe beenden!

Entgegen der Zeit – 15 Jahre
Lyrik und Poesie –
Scherben und Glück,
ich sage ade!

2022 gibt's definitiv frische Zeilen
und nach meiner Verarbeitung
seelischer Zustände, keine solche
„Ballaststoffe" mehr!

Ich weiß, sag niemals nie –
Aber es ist mein Ziel!!!

In diesem Sinne...

Literarischer Neubau
Die Zeit flüstert
Später mal
Leben fällt aus dem Gesicht
Bilder des Jobs!
TransFORM*(n)*ation

Selbst-Zerfall

Unter dem Strich

Leistungsbezogen

Gottes Liebe?

Literarischer Neubau
Ausschau auf 2022

Ich beziehe gerade –
Das Gebäude des literarischen Neubaus
Kreuzworte – horizontal, vertikal, diagonal –
Phänomenal und spektakulär – bilden sie
die Säulen, vom Haus

Gefühle und Gedanken
Aufbewahren in Schubladen
Beim Verfassen dieser –
Sitze ich auf meinen vier Buchstaben

Ich kreiere und ich
Schöpfe viel Neues
Ganz ohne einen Papierstau
Schmerz, Trauer und Frust fressen sich
nahezu gegenseitig auf!

Mit Prioritäten und Spezialitäten
Ich entferne penibel die Gräten!
Alles auf einen neuen Anfang –
Spuren von depressiven Schäden!

Nichts vergeht niemals so ganz!
Rückstände bleiben immer zurück
Ich muss wieder mehr und mehr Leben
Mit jedem Tag, ein weiteres Stück!

Neue Texte, neue Buchreihe –
Alles Teile von mir, doch es kommen neue
Seiten!

Die Zeit flüstert
Autobiografie

Gefühle im Chaos
Gedanken im Einbahnstraßen-Stau
Wo ist die Ausfahrt? Wo geht's raus?
Ich halte vergebens Ausschau!

Mein Leben stockt –
Doch Informationen und News,
sie schießen und fließen vorbei –
Gedanken verharren, die Zeit sie flüstert
mir zu; „Bye-bye"!

Nix ist in Ordnung –
Doch das Leben tut, als wäre alles gut!
Notsignal meiner Ortung!
Doch niemand kommt zur Rettung, allein
stehe immer nur!

Alles so vertraut!
Alles wie „ewig und 3 Tage" gekaut!
Geschluckt, verschluckt, ausgespuckt!
1000-mal gesehen, doch erneut drauf
geguckt!

Später mal
Ausblick in die Zukunft

Ich frage mich;
„Wie es sein wird,
wenn ich es denn erlebe mit 70 –
kritisch vielleicht, alle meine Texte zu
betrachten"!?

Alle Texte, Verse Reime –
All meine verfassten Werke, Aussagen –
Werde ich sie alle noch so sehen,
wie ich hier und heute, doch all die Dinge
kritisiere und hinterfrage!?

Wenn ich mich zurückerinnere –
An alle meine Lebenslagen, an die
Lebenstage, die ausgetragenen seelischen
Schlachten

Wenn die Haare grau oder weiß –
Oder gar ausgefallen sind
Werde ich später einmal verstehen,
wo ich heute noch fern jeglicher Erkenntnis
bin!?

Schritte mancher Wege,
waren sie zu gegebener Zeit, meine
Entscheidungen der Notwendig- oder
Richtigkeit!?

Leben fällt aus dem Gesicht
Konflikte des Lebens

Wie soll ich glückliche, positive, schöne
Zeilen schreiben –
In diesen, meinen dunklen, bitteren und
schwarzen sowie schweren Zeiten!?

Ich kann nicht ewig –
Immer nur einstecken!
Jetzt ist es an der Zeit,
auch endlich mal auszuteilen!

Mein Leben,
es fällt mir aus dem Gesicht –
Aber klar,
von außen es nicht zu sehen ist...!

Das erste Mal in meinem ganzen Leben –
Habe ich bei einem Konflikt am
Arbeitsplatz, nicht die Flucht ergriffen!
Es war eine unangenehme Situation, weil
ich eine solche bis dato in dieser Form
weder erlebte, noch durchgestanden habe!

Nach respektlosem und nicht
angemessenem Verhalten mir gegenüber,
kam es zum Gespräch, obwohl ich
wortwörtlich die Wahrheit besagte!

Trotz dieser wurde ich als Lügner, als
unverschämt und als manipulativer Mensch
bezeichnet, der das ganze Team von

Mitarbeitern gegeneinander aufspielen wolle!

Es wurde hitzig! Auch leider vielleicht etwas emotional!
Aber ich wurde weder aggressiv noch beleidigend!

Mein Gegenüber jedoch fühlte sich provoziert und angefeindet!
Fragte mich; „Sind wir im Kindergarten"?
„Sind wir am Schulhof"?
„Sei ich das Opfer etwa"!?
Ich sagte lediglich darauf; „Weder noch"!
„Ich lege nur den Sachverhalt da, wie er sich zugetragen hatte"!

Offensichtlich gab es in der Vergangenheit zwischen den Kollegen/Kolleginnen untereinander schon Differenzen!
Ich wollte einfach klarstellen, dass ich mich auf keine Seite stellen möchte und mich auch nicht beeinflussen lassen möchte!
Ich wollte einfach nicht wie ich sagte; „Die dritte Person sein, über die jetzt Kommunikation mit Beleidigung oder angreifender, also persönlicher Kritik ablaufen soll"!

Bilder des Jobs!
Konflikte des Lebens

Bilder der Straße,
Bilder des Jobs!
Menschen am Arsch!
Deutschland, ich kotz!
Aus jeder Anforderung,
wird Überforderung
Aus Kompetenzen werden –
Das Überschreiten von Grenzen!

Mein eigener Weg,
sicher nicht –
Vom Erfolg gekrönt!
Doch habe ich immer versucht,
Kreuzungen zu überqueren!
Die leichten und auch die schweren!

Wie oft lief ich ins offene Messer!?
Wie oft schnappte mich die Schere!?
Mein Leben – kein ERFOLG!
Ich wandelte oft durch Schmerz –
Und nichts als Leere!

Das erste Mal nach 18 Jahren –
Nach Ausbildung und Berufserfahrung
Trage ich harte Konflikte aus!
Ich wehre mich, nehme nix mehr in Kauf!

Das erste Mal behaupte ich meinen
Standpunkt!?
ich kämpfe und stehe ganz allein!

Seltsames Gefühl, weil ich Frieden mag!
Jetzt kämpfe ich echt allein!

Das erste Mal,
räume ich nicht das Feld!
Weil ich den Frieden liebe und schätze und
pflege, ging ich immer -UNTER- in dieser
Arbeitswelt!

Es ist an der Zeit sich zu wehren!
Mit Konsequenzen umgehen zu lernen!
Ich suchte nie das Gefecht!
Doch ich weiß auch, das Leben war nie
gerecht!
Weiß ich nun auch was ich will,
wer ich bin und was ich habe!
Ich habe weder Muse noch Bock, mich
immer und immer wieder zu erklären!

Ich bin ermüdet meines Weges
Weil es mir an meine Substanz geht,
werde und muss ich trainieren!
Emotional muss ich Abstand zum
Arbeitsplatz bekommen!
Auch verbunden damit, zu eventuell
künftigen Arbeitsplätzen!

Es ist halt hart für mich –
Nie habe ich Konflikte und
Auseinandersetzungen dermaßen geführt,
noch durchlebt!
Aber was soll ich tun,
wenn ich keinen anderen Ausweg seh!?

Immer räumte ich das Feld!
Vielleicht Angst und Zweifel!
Angst vor etwas, was ich nie erlebt habe!?
Nie erleben wollte – und ich mich immer
diesen Situationen entzogen habe!?

Aber, in diesem Fall –
So stehe ich die Situation durch!
Schlimmsten Falls, kann bloß eine
Kündigung ausgesprochen werden!

TransFORM(N)ation
Vom Produkt zurück zum Menschen

Traum: Autor!
Innerlichen Frieden schließen –
Ruhe finden,
Grenzen überwinden!
Wunsch: Schreiben als Ausgleich
Wahre Berufung!
Arbeitslos, aus gesundheitlichen Gründen
Mich macht diese Gesellschaft krank,
kaputt und so verdammt müde!

Ziel: Zeit zum Schreiben
Denn Schreiben heißt -HEILEN-
Wichtigkeit: Geld für Leistungsverpflichtung
Haben und zahlen!
Lösung aller Widrigkeit ist: das Geld!
Das Mittel, mit dem man uns kleinhält!
Mit dem man uns: MANIPULIERT,
INSTRUMENTUALISIERT, ZWÄNGT –
SCHÖN FORMT UND NORMT!

Trans'FORM'(N)ation:
Vom Produkt zurück zum
Menschsein!

Ich kritzele immer wieder, dieses zu Papier!
Doch es ändert die Situation und die Lage
nicht – außer dass, das Schreiben meine
Hoffnung stärkt und mich irgendwie am
Leben hält!

Selbst-Zerfall
Autobiografie

Abgewichst
Durchgeschleudert!
Vieles im Leben, dass ich –
bis heute bereut hab'

Nerven wundgerieben!
Sie liegen alle jetzt samt blank!
Welch ein „geiles Leben"!
Vertrauter Schmerz mein Leben lang!

Keiner weiß es!
Keiner will es wissen!
Liegst du erst im Mist,
dann läuft es echt beschissen!

All die Stunden, die ich –
einsam doch verbringe
In denen ich leide, schmerzhaft,
mich zerfleische – diese sieht keiner!

Alles was mir bleibt –
Das Leid, der harte Selbst-Zerfall
Er ist und bleibt,
doch mein eigener!

Unter dem Strich
Gefühle/Selbstreflexion

Für meine Tränen –
Sprechen harte und direkte Zeilen!
In allen Büchern,
auf jeder meiner Seiten!

Jeder Text, jeder Reim –
Ist wie ein fallender „Brocken" Stein
Atem, der stockt – Atem, der klemmt
Hoffnung die tief in meinem Innern brennt!

Als Familienvater versagt!
Job um Job, der das Leben so beklagt!
Nur der Dichter, Denker – Freigeist lebt –
Das Leben wie es Christian ergeht!

Das Schreiben, die Lyrik –
Gottes Gnade gerichtet an mich!?
Großer Schaden, mancher Verlust –
Trauer, letztlich unter dem Strich!

Worte die noch einen Trost finden?
Hoffnung in meinem menschlichen
Vergehen, in meinem Verschwinden!?
Ich fühle nichts mehr außer Schmerz und
Trauer!

Leistungsbezogen
Vom Produkt zurück zum Menschen

Fresse halten! Atme tief durch!
Konkurrenz belebt das „Tolle Geschäft"!
Deine Funktion und Produktivität –
Nur dies wird an dir geschätzt!

Alles nur leistungsbezogen!
Leistungsdruck!? „Gibt es nicht"!
So belächelt und grinst frech –
Des Machers schleimig, hämisches Gesicht!

„Es ist doch ein –
Geiles buntes Treiben!
Wenn in diesem Spielchen
Menschen auf der Strecke bleiben"!

„Nun hebt die Gläser!
Sauft und konsumiert!
Abgerechnet wird's –
Dies ist alles was interessiert"!

„Wir halten euch klein und...
Seid dankbar, ...denn auch bei Laune!
Wir versprechen euch nur das Beste!
Vom Himmel nur das Blaue"!

Gottes Liebe?
Meine Gedanken

In welcher Form und Art & Weise –
Wiegt hier Gottes Liebe?
Eine Frage, die ich mir seit längerer Zeit
schon stelle und die mich beschäftigt!

Definitiv empfinde ich, die Möglichkeit zu
schreiben, dieser Berufung folgen zu
können – die Sprache und das Schreiben
als Werkzeug, Heil- und Hilfsmittel in Form
von Medizin in Gebrauch zu nehmen, als
wahre und einzigartige Gnade!

Ich bin unendlich und unsagbar dankbar
über diese Art `Gabe' in Form von
Möglichkeit schreiben zu dürfen! Ich
schreibe nicht für mein Leben gern,
sondern ich schreibe dem ÜBERLEBEN
wegen!

Worin liegt und wiegt also Gottes Liebe?
Er weiß um Leid, er weiß um meinen
Schmerz, über allen Kummer – über all die
Last auf Seele und Herz!

Ich glaube an Gott! Und ich danke Gott,
dass ich nicht nur durch die Sprache
besser leben kann, sondern auch, dass ich
Vieles hinterfrage und immer auf
ergründender Suche mich befinde!

Wir werden geboren, lernen, funktionieren,
arbeiten und sterben!
Dies ist für mich einfach zu primitiv!
Primitive aufgezwängte Gedanken, welches
ein System, welches Instanzen uns allen,
über mehrere, hunderte Jahre glaubhaft
machen wollen und es tun!

Mein Schädel ist so voll!
Er ist einfach so voll, vollgepumpt!
Upgedatet, wird permanent aktualisiert!
Informationsfluss, Informationsstau!
Überflüssiger Mist, Frust und Freizeitklau!

Schlafmangel durch Schlafstörung!
Stetig nur noch Input! Auswahlverfahren!
Wichtige Dinge wie; FÜHLEN, LEBEN,
LIEBEN, ATMEN, FREUDE – dies kann ich
nicht mehr artgerecht bewahren!

Frust, Verzweiflung, Überforderung!
Wut und Konzentrationsfähigkeit leidet!
Gottes Liebe und Gottes Gnade –
Amen! Auf dass, ich um mein Leben
schreibe!

Leben – Geburt und Tod
Gesellschaft – Elend, Krieg und Not
Zeit – Beginnt und endet
Menschsein – das Menschsein verschwendet

Freude – Kindheit und Leichtigkeit
Liebe – Erziehung und Familie
Formation – Arbeit und funktionierende Stelle
Manipulation – Ohne Rücksicht, Qual + Hölle

Reichtum – Sie lachen und regieren
Armut – wir verhungern und krepieren!
Rettung – Um diese wir doch alle beten!
Frieden – Utopie in diesem infizierten Leben!

Hoffnung – Sie ist Trost und stirbt zuletzt
Trauer – Vom Kummer haben lange verletzt!
Spott – Hohn und uns gegenseitig abwerten!
Gott – Lieber Gott, Erlösung, Gnade, Segen

Das war die Reihe – ENTGEGEN DER ZEIT

Neben dem Buch *Entgegen der Zeit – LEGENDiARY* bildet dieser Band als zweite Säule den stabilen Stand, gebaut ist ganze auf dem Fundament Christian Hofmann.

Die Stockwerke sind Untertitel der Reihe und Balkone und Anbau, sind Titel die nicht im Namen ENTGEGEN DER ZEIT erschienen sind wie etwa;

Das Ganze nennt sich Leben
Against the pressure of society
Buch der Lebensträume
Das düstere Tagebuch eines Autors
Die Kinder der Artefakte

Alle Bücher des Autors Christian Hofmann sind unter Books on Demand erhältlich.

Christian Hofmann, geb. 05.03.1986 in
Biedenkopf bei Marburg.

Er lebt im mittelhessischen Marburg an der
Lahn.

Beginn des Schreibens: 2006
Beginn der Bühnenauftritte: 2015
Beginn der Bücherpublikation: 2019
Umfang der Buchreihe bislang: 40
Kategorien: vielseitig

Neuer literarischer Inhalt: ab 2022

Nachgang und Outro
Ende der Reihe

IRGENDWIE – NÀ!?

AUS[GEARTET]

DER MOND

JOB & ARBEIT

SCHREIBEN BIS ZUR HEILUNG

Irgendwie – Nä!?
Gesellschaftskritik

Geld! Darum dreht sich doch –
Dieses ganze beschissene, Leben!
Arbeit, funktionieren und malochen!
Knecht sein, dann sie dir etwas geben!

Was tun? Was kann man machen!?
35 Jahre – Meine Zeit nun reif,
um nun andere Dinge zu tun –
Völlig neue Ansichten der Sachen!

Wo und wie kann ich mit was –
Und warum und wodurch sparen!?
Je weniger du brauchst, desto mehr du
sparst! Sei dir dessen im Klaren!

Alles durchdenken, gute Kontrolle vor –
Sinnlosem Verschwenden!
Mehr nehmen und vermehren, anstatt
verschenken mit vollen Händen!?

Wo sind bei all den Gedankengängen –
Bei meiner Durchsicht bloß die Lösungen
all der Dinge!? Nehmen! Nehmen! Nehmen!
Um die Schäfchen ins Trockene zu
bringen!?!?

Politische Prinzipien anwenden!?
betriebswirtschaftliches Handeln!?
Seelenlose Fratzen mit Taschen voller Geld,
welche durch die Gegend wandeln!

Ich habe die Schnauze voll!
Wirklich so verdammt voll!
Fresse dick bis Oberkante der Unterlippe!
All nur noch erreichbar via Hotline –
Automatische Rufbeantwortung, es ist
nirgends mehr ein Mensch an der „Strippe"!

Digitalisierung
Bargeldlose Zukunft
Der gläserne Mensch –
Er wird perfekt – REAL –

Manipulation
Kranke Menschheit!
Massenhaltung, Sklaverei
Terror, psychischer Krieg – Todesqual!

Ich könnte endlos weiter –
Durch all die Straßen ziehen!
Doch ich kann nicht vor der Realität und
dem Bewusstsein meiner Gedanken fliehen!

Aus(geartet)
Neue Gedanken in 2022!?!?

Kohle macht man, verdient man nicht!
Harte Arbeit und Fleiß –
Klingt zwar nett aber vergiss es,
dass du damit etwas erreichst!

Ob 12 – 16 Stunden Produktionsschicht
Oder 7 Tage Dauerakkord mit
Akkordzuschlägen! Ganz egal –
Dieses Leben, diese Menschheit fickt dich!

Du verdienst deine Kohle –
Mit ehrlicher Arbeit
Du lebst in dieser Ungerechtigkeit, wo dir
am Ende vom zu leistenden Unterhalt nix
mehr zum Leben hängen bleibt!
Herzlich Willkommen –
In dieser „total, geilen und modernen Zeit"!

Die Erde, die Welt –
Sie atmet wohl bald erleichtert auf!
Denn die Menschheit nähert sich dem
sicheren Ende – Untergang und Verfall!
Niemand hält die: GIER, DUMMHEIT dieser
Spezies auf!

Wenn Mutternatur wieder in aller Ruhe –
Lebt und aufatmet dann,
ist die Einsicht der vermurksten
Gesellschaft zu spät, weil sie längst
aus[artet]

Mutternatur, du hast sehr stark gelitten!
Du wurdest misshandelt, vergewaltigt,
zerschnitten! Bäume hat mir dir abgeholzt!
Flächen bebaut, doch es regeneriert sich,
deine Muttererde Haut!

Profit schlagen, schnelles Geld
Dies ist alles, worum es noch geht!
In dieser beschissenen, verdreckten
Gesellschaftlichen Totenwelt!

Sehe ich alles zu extrem!?
sehe ich es alles zu krass!?
NEIN! Wenn's regnet dann,
wird der Früchte Saat doch nass!

Alles ist Fakt! Es ist real!
Die Natur sie leidet –
Und der Mensch, ja der Mensch –
Betrachtet Bilanz, Gewinn und Umsatzzahl!

Der Mond
Meine Gedanken

Am späten Abend,
schaue ich hinauf zum Himmel
Ich sehe in der Dunkelheit –
Die Sterne in aller Ferne!

Und ich betrachte,
den hellaufleuchtenden Mond
So frage ich mich doch,
ob ihn wohl jemand bewohnt!?

Aufgrund meiner momentanen Lage
Ist und bleibt sie spannend,
dir mir selbstgestellte Frage –
„Wie geht's weiter im nächsten Jahr mit
mir"!?

Finde ich Halt und Kraft und Trost –
Für einmal endlich wieder positive Zeilen!?
Zumindest tief im Innern mein Ziel!
Viel Ballast und Gewicht auf Herz + Gefühl!

Entgegen der Zeit
Entgegen der Zukunft, aus der
Vergangenheit, viele Jahre... was kommt als
nächstes, nach dieser Endzeit!?

Des Wortes sanftes, zartes
Wohlgefühl!?
Wohin des Ortes mag es –
Wohl noch ziehen?

Mein Drang des Wunsches –
Auf etwas Neues!
Siegesreicher Jubel oder doch nur –
Die Stille anstelle des Geräusches!?

Der letzte Tropfen meiner Tinte tropft
Der letzte Gedanke staut und stockt!
Ich bin momentan weit entfernt vom Sagen
können; „Mein Leben, yeah – es rockt"!!!

Job & Arbeit
Ansichten

Job & Arbeit
Nicht mein Beruf!
Kollegiale Katastrophe!
Der Mensch sein Grab sich schuf!

Differenzen –
Förmlich ausgedrückt!
Charme und Grenzen!
Wörtlich Kopf gepflückt!

Gespielte Kacke –
Denn sie ist am Dampfen!
Wille und Anforderung –
Wir sind am Verkrampfen!

Nettigkeiten im Unterton!
Wahrheit ist fast verborgen!
Ein Teil von ihr am Tageslicht –
Schon am frühen Morgen!

Letzten Endes tun wir alle –
Alles, nur des Geldes wegen!
Aus Liebe zur Arbeit gehen,
wer tut dies schon in seinem Leben!? HÄ!?

Scheiße tun!
Und immer die Schichten schieben!
Die obere Belegschaft,
werden ihre Hälse niemals vollkriegen!

Arbeitsschutz und Arbeitssicherheit
Schöne Worte ohne großen Nutzen!
Zwecks Zertifizierung eben halt,
einmal jährlich gründlich „putzen"!

Notausgänge und Sammelstelle
Am liebsten dort stehen, den ganzen Tag!
ALARM! ALARM!
Wir haben alle schon längst einen Schlag!

Schreiben bis zur Heilung
OUTRO

Ob es aller Bücher würdig ist,
was ich und dass ich dies alles schrieb –
Dies wird sich –
Mit der Zeit wohl erst herausstellen!

Es ist die Beschreibung meiner Lebens
Zustände! Geplagt vom Leid seit frühester
Zeit an! Fortlaufend Wege bestritten mit
Schmerz und Not! Gestockt in so manchem
Gedankenstau!

Seelisches Leid und auch –
Gesundheitliche Beeinträchtigungen haben
mir so oft Anlass für die Anzahl meiner
Bücher verschafft! So versuche ich; `BIS
ZUR HEILUNG ZU SCHREIBEN'

Ich kann die Hand nicht –
Von meinem Werkzeug, dem Füller lassen!
Ich muss stetig am Werk sein!
All meine Dinge hier verfassen!

Alles im Leben trägt seine Früchte!
Alles wächst und alles gedeiht –
15 lange Jahre, die meine sind,
ENTGEGEN DER ZEIT

Das Kind wird groß!
Zeit es von der Leine zu lassen!
Es kommt die Zeit,
um Neues künftig zu verfassen!

-ENTGEGEN DER ZEIT-
Es ist mein Zuhause, mein Fundament!
Mein Weg; -VOM TRAUM ZUM ZIEL-
Die Fackel sie brennt!

Eingesteckt!
Zu Genüge! Untermalung!
Das Porzellan zerschellt!
Über sind, Scherben meiner Welt!

Schandtaten!
Unüberlegte Handlung, Haussegen hing
schief! Alles nicht so geplant, nicht so
gewünscht, wie es einst mal verlief!

Alles verankert, aber –
In der Tiefe der Zeit,
alles reflektiert und gelernt –
Auch wenn keine meiner Wunden heilt!

Zeit für den Abschied!
Das Kind wird nun groß!
Der Weg beginnt,
von der Wiege in den Schoß!

„Lass mal drücken"
Und auch ein paar Tränen laufen!
Getrennte Wege von nun an!
Doch verlieren uns niemals aus den Augen!

Entgegen der Zeit –
Zu meinem Geleit
Mach's gut alter Freund!
Kamerad, geliebtes Kind!
Alles muss einmal enden,
alles was einmal beginnt!

Letzte Runde!
Letzter alkoholischer Mix!
Letzter Stand: FINALE!
Das Ende ist fix!

Knoten geschnürt
Pakte verschlossen, wird versendet!
Großer Teil meines Lebens, langer Weg –
Der nun hier endet!

Aus meinem E-Book

Mit Odin (Magie und Zauber)
Halb voll – halb leer (Philosophie)
Wenn der Hammer fällt! (Wortspiel-
Lyrik)
Freunde (Freundschaft)
Träume
Wie Magie (Schriftstellerei)
Lebensgefühl (Gefühle)
Laune zum Himmel (Leben)
Verarschung der Menschheit
(Gesellschaft)

Gebt dem Wahnsinn einen Namen
(Politik)
Zeit (Bewusstsein)
Mit verschlossenen Augen (Humor)
Hilferuf! (Dark Lyrik)

In den Flammen der Träume
(Autobiografisch)
Der Herbst in mir
(Autobiografisch/Depression)
Nur im Wind (Freiheit/Empfinden)
Durch den Regen (über das Leben)

MIT ODIN

Ich möchte treiben
Im offenen Meer, im Rausch der Welle
In Freiheit strömen
Bis zu jenem Ort und an jene Stelle

Ich möchte mit
Den Sternen am weiten Himmel kreisen
Luftschlösser bauen
Auf der Regenbogenstrecke reisen

Ich möchte gern durch
Diese ganze endlose Galaxie
Mit Odin an der Götterstätte
Über Ewigkeit und Walhalla philosophieren

Ich möchte gerne existieren
In jedem Raum zu gleicher Zeit
In mikroskopischen kleinen Teilchen
Verstreut und funkelnd in aller Unendlichkeit

HALB VOLL – HALB LEER

Könnten Tiere sprechen
Hätten Hexen
Je gelebt
Wäre die Erde eine Scheibe
Fielen wir herunter
Wenn sie sich dann dreht

Könnten Bäume laufen
Wo flüchteten sie hin?
Fragen über Fragen
Über dies und jenes
Und den Lebenssinn

Das Glas halb voll
Das Glas halb leer
Halb ist halb
Und auch gleichschwer
Ob federleicht
Oder doch steinhart
Jeder entdeckt und lebt
Auf seine eigene Art

Gewinnen, verlieren
Verlieren, gewinnen
Wichtig ist der Mut
Um zu beginnen
Bei aller Frage
Die sich im Leben stellt
Sei gewiss
Du bist, nur einmal auf dieser Welt

WENN DER HAMMER FÄLLT

Wenn der Hammer fällt
Ist es der Hammer, der fällt
Weil der Hammer fällt

Die Welt ist das Feld
In der, der Stärkste
Den Hammer hält

Wenn der Hammer fällt
Wird der Baum gefällt
Es beißt kein Hund der bellt
Besagt ein Sprichwort dieser Welt

Bei allem Gerede
Dieser Welt
Wer sagt überhaupt
Wann und wieso der Hammer fällt!?

FREUNDE

Gute Freunde sind ein starkes Fundament
Sie sind die Rettung, wenn die Hölle richtig brennt
Sie ziehen dich raus aus tiefer Lage
Sind die Sonne in dunklen Tagen

Gute Freunde sie sind da
Hören den Ruf, bevor er war
Sie teilen die Freundschaft, das Glück aller Tage
Bei Sieg und auch bei Niederlage

Freunde sind der Funken Hoffnung
Wenn sie längst verloren scheint
Freunde sind näher als man denkt
Ist ein Weg auch noch so weit

Freunde gehen auch mal getrennte Wege
Doch einander vergessen sie nicht
In der härtesten Lage, im Not-Moment
Lassen sie einander niemals im Stich

TRÄUME

Hast du Träume?
Bewahre sie auf in deiner Seele
Hast du Ziele –
Für die du wirklich brennst?

Hast du den Mut?
Dann betrete deine Wege
Du erreichst, was du willst
Weil du dich am besten kennst!

Kneif dir ans Ohr!
Setze deinen nächsten Schritt
Gib dir den Ruck!
Gehe deinen Lebensweg

Trete dir in den Hintern!
Nimm deine Hoffnung mit
Ist es auch noch weit zum Ziel
Jeder Schritt er zählt

Treibe dich voran
Bleibe dran und komme an!
Auch ich lebe für meine Träume
Mein ganzes Leben lang!

WIE MAGIE

Da ist so etwas wie Magie
Wenn ich, mit der Tinte
Über das Blatt Papier hier zieh'
Gedanken strömen und sie
Fließen in Wörtern raus
Wie ein heller Schein
Sind auch die Lichter aus

Das Schreiben ist mein Leben
Meine Leidenschaft seit vielen Jahren
Ich will jeden Menschen erreichen
Will ihn gern teilhaben lassen

Ich schreibe nicht nur für mich
Mich freut es sehr, erreiche ich dich
Diese Zeilen sind
Aus purer Emotion entstanden
Bin schon oft gefallen
Doch auch immer wieder aufgestanden

Heute packe ich all die Energie
All den Willen, in jede dieser Zeilen hier
Es ist mehr als nur Schreiben
Es ist Mut und Kraft auf dem Papier!

So wie hier könnte ich
Die ganze Zeit weiterschreiben
Zeilen die einen doch bestärken
Und für immer bei dir und bei mir bleiben

LEBENSGEFÜHL

Hast du heute schon bewusst
Den Tag für dich entdeckt?
Gesehen wo die bunten Träume hocken
Und wo die gute Laune sich versteckt?

Folge deinen Gedanken
Sie führen dich wie bunte Luftballons
Geht auch mal etwas daneben
Mach es dir nicht so schwer, hey komm', was
soll's!?

Bunte Wolken am Himmel
Farbe über den ganzen Tag
Du musst nur deine Augen öffnen
Sei bereit und nimm ihn an

Jeder Tag ist kostbar, einzigartig
Er ist ein Teil von deinem Leben
Atme die Augenblicke
Lass dir nicht deine gute Laune nehmen

LAUNE ZUM HIMMEL

Steht dein Herz auf Kummer?
Steckt die Seele im tiefen Stau?
Läuft der Regen über?
Pfeift der Wind so grell und rau?

Es sind alles nur Gefühle
Sie wollen alle gespürt sein
Kannst du sie fühlen?
Schenke ihnen einen Moment
Sie wollen gespürt sein

Schlägt bei dir
Die Laune bis zum Himmel an?
Geht's dir gut
Wie schon so lange nicht?
Willst du springen vor Freude
Und weinen vor Glück?
Diese Glücksmomente –
Vergesse sie nicht!

Auch dies sind Gefühle
Sie wollen erlebt und frei sein
Kannst du es spüren?
Atemloses Glück!
Es will dein sein!

Alltagsgrau und himmelblau
Traurigkeit und Freude
Alles Teile deines Lebens
Lebe jetzt, lebe hier und lebe heute!

VERARSCHUNG DER MENSCHHEIT

Tagsüber läuft Hartz-Vier TV
Berufstätige können es nicht schau'n
Abends dann um Acht
Entertainment-Programm gemacht

Politische Talkshows und
Themenschwerpunkt Politik
Zu später Stunde
Wenn der fleißige Bürger im Bett schon liegt!

Dokumentation und
Unterhaltungsprogramm
Ablenkung der Politik!
Die Wirtschaft boomt, es steigt der Euro im
Diagramm

Schickt die Promis in den Dschungel
Oder zur Belustigung als Bauernopfer zu
Deutschlands –
Super-Castingshow
Das Unterhaltungsprogramm, es tut was es kann
Deutschland, Deutschland! Man oh man!

Die Verarschung der Menschheit
Wird im Fernsehen ganz stolz ausgestrahlt
Teure Gebühr GEZ
Es wird für Sondermüll und Rotz bezahlt!

GEBT DEM WAHNSINN EINEN NAMEN

Milliarden-Hilfspakete
Für große Konzerne, spendet die Moneten
Zeitarbeit, Sklavenhandel – alles egal
Du willst Unterhaltung, dann bezahl!

Mieten und Unterhaltskosten
Steigen und steigen und
...
Wo wird der arme Bürger bleiben?

Hier zählt nur die Wirtschaftlichkeit
Hohe Zahlen, Rekord-Gewinn
Gott, ich realisiere in welcher –
Hässlichen Realität ich bin!

Leiharbeiter, Straßenkinder, Taugenichts und
Rentner
Ohne Wohnsitz und obdachlos
Die Regierung, mit dem Instrument Politik
Beratschlagt sich, wie werden wir sie denn nur
los!?

Wie soll man den ganzen Wahnsinn hier
Denn noch benennen?
Das Leben war nie ein Paradies
Also, kann man es beruhigt ja niederbrennen!

ZEIT

Es ist die Zeit
Sie tickt, sie verstreicht, sie vergeht
Die Zeit ist das Gefäß
Nicht sichtbar, doch worin man täglich lebt

Zeit ist kostbar
Wir sollten sie weder vergeuden, noch
verschwenden
Wissen wir doch immer genau
Alles was beginnt, wird auch eines Tages wieder
enden

Der Sand fließt durch die Uhr
Ist er abgelaufen, stellt man sie Retour
Doch die Zeit die vorbei ist, ist geschehen
Kommt nie zurück, auf keiner Spur!

Momente, Erinnerungen, Bilder
Es ist ein Festhalten im permanenten Zeitverlauf
Der Zug des Lebens, fährt über tausende von
Wegen
Bleibt aber doch, ewig auf den Schienen drauf

MIT VERSCHLOSSENEN AUGEN

Mit verschlossenen Augen
So sieht man echt, recht schlecht
Mit offenen Augen schlafen wollen
Funktioniert nicht so wirklich, nicht so recht

Wenn man in die Pfütze fällt
Ist man gar nicht mal, so gut gesprungen
Ein schlechter Sänger hat
Doch niemals so gut gesungen

Katz und Maus, ein Loch im Sack
Nicht ganz dicht, ist schlecht verpackt
Ich schlag ein Rad, den ganzen Tag
Eine Überdosis Unglück, die Auswirkung, die man
nicht mag

HILFERUF!

An manchen Tagen gefriert mein Herz
Es gedeiht in Dunkelheit
Trauer so tief und auch der Schmerz
Bewohnen mich seit langer Zeit

Ich suche die Sonne
Ich will ins Licht
Die Kälte im Schatten
In ihr ewig leben, dies kann ich nicht!

Die Hoffnung
Die doch einst war
Liegt so tief begraben
Wenn man den Glauben verliert
Haben es einfach –
Die finsteren Tage!

Hilferuf!
Schreie in tiefer dunkler Nacht!
Was ist geschehen, was ist passiert?
Wer hat diese Dunkelheit gebracht!?

IN DEN FLAMMEN DER TRÄUME

Seit Jahren schon brenne ich
In den Flammen meiner Träume
Oft gefallen und aufgestanden
Hart der Fall, statt sanftem Landen

Jeder Fall zu Boden
Ließ mich stärker wieder aufstehen
Brenne für meine Träume
Werde meinen Weg auch weiter gehen!

Ich habe im Feuer gebrannt
Als Phönix, neue Kraft ich fand!
Mit brennenden Flügeln schwinge ich aus
Niemand nimmt mir meine Träume!
Ich gebe niemals auf!

Jeder Fall war schmerzhaft
Und traf mich mitten ins Herz
Glaube, Liebe, Hoffnung
Begraben unter all dem tiefen Schmerz!

DER HERBST IN MIR

Ich habe meiner Wunden geblutet
Die Depression hat meine Liebe und Wärme
In alle Dunkelheit gefärbt und
Jede Hoffnung überflutet!

Seit Jahren, trage ich nur
Den Herbst in mir herum
Schreie so tief in meiner Seele
Doch der Mund, er bleibt regungslos stumm!

Vom Kummer zerschlagen
Vor Traurigkeit nicht viel zu sagen!
Wolite nie jammern und nie meckern!
Was bringt es denn, sich zu beklagen!?

So wurde der Dämon ~Depression~
Er trat aus dem Schatten meiner Person
Er wollte sich zeigen, seinen Teil von meinem
Leben
Wir haben gekämpft, gelitten, sind miteinander am
Reden!

Er hat sich genährt vom
Wunden-Schmerz, von Angst und Traurigkeit
Schlechtes Gefühl für mich
Doch so wurde er stark, hat sich befreit!

NUR IM WIND

Glänzender Tag
Sonnenklar wie ich ihn mag
Doch traue es zu glauben kaum
Denn ich weiß, Traum bleibt Traum

Ich fühle mich frei
Nur im Wind, ich ganz allein!
Alles andere engt mich ein
Es schränkt mich so ein!

Ich will fühlen, leben, schreiben
Vergessen will ich Schmerzen und das Leiden!
In Worten und in Sätzen leben
So darf es gern für immer bleiben!

Das Schreiben ist meine Freiheit
Denn ich drücke aus, was ich denke und was ich
fühle
Ich will Grenzen überschreiten
Bücher schreiben und zwar noch sehr viele!

Die Gefühle müssen raus
Sie toben sich im Werk, auf diesen Seiten aus
Was auch passiert, was auch geschieht
Sie sind mein Atem, meine Luft, mein
Sauerstoffverbrauch

DURCH DEN REGEN

Ich laufe durch den Regen
Durch den Sturm der Zeit
Ist das Ziel auch noch so fern
Und der Weg dahin auch noch so weit!

So endlos weit
Es scheint der Stern
Zu erkennen ganz klein
Er ist noch fern

Doch das Leuchten seiner
Kontur und Zacken
Signalisieren mir
Ich muss weiter die Sachen packen

Immer weiter nach –
Seinem Lichterschein
Es kommt der Tag der Tage
An dem ich mich, mit ihm verein

Der Antrieb ist des Glückes Mut
Mit Zuversicht, die Sonne am Hut
Weiter nach des Weges Schritte
Ich leuchte auf in der Sternenmitte